Stefan Weigand
Theo Tintenfisch
Ein Märchen aus der Urzeit

Buch & Stabe Verlag Henning Albrecht
Würzburg 2022

Impressum
Stefan Weigand: Theo Tintenfisch
Ein Märchen aus der Urzeit
1. Auflage Würzburg 2022

Alle Rechte vorbehalten.
Das Werk oder Teile davon dürfen ohne schriftliche Genehmigung des Verlags nicht vervielfältigt, auf Datenträger gespeichert oder in anderer Form übertragen werden.

Gestaltung und Druckvorbereitung: Buch & Stabe Verlag Henning Albrecht, Würzburg
Zeichnungen: Stefan Weigand

Klimaneutral gedruckt bei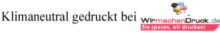

Gedruckt in Deutschland 2022
Buch & Stabe Verlag für schöne Bücher Henning Albrecht
ISBN 978-3-9823854-5-7

Bibliografische Information der Deutschen Bibliothek:
Die Deutsche Bibliothek verzeichnet diese Publikation in der Deutschen Nationalbibliografie; detaillierte bibliografische Daten sind im Internet über http://dnb.d-nb.de abrufbar.

Stefan Weigand

Theo Tintenfisch
Ein Märchen aus der Urzeit

Buch & Stabe
Verlag für schöne Bücher

Es war einmal vor langer, langer Zeit, da lebte ein kleiner Tintenfisch namens Theodor. Er war ein kleiner, lustiger Geselle, der unbedingt Lokomotivführer werden wollte. Daher trug er auch immer die Mütze eines Lokführers, die ihm sein Onkel geschenkt hatte.

Nun lebte unser kleiner Theo – Ihr werdet es kaum glauben! – vor fast 400 Millionen Jahren. Und natürlich gab es damals noch keine Dampfeisenbahn. Nicht einmal Bäume hättet ihr damals gefunden und Tiere auf dem Land oder gar Menschen auch nicht. Die Tiere und Pflanzen lebten zu dieser Zeit noch alle im Wasser. Da gab es zum Beispiel Muscheln und Brachiopoden. Diese sehen Muscheln zwar zum Verwechseln ähnlich, aber den Tintenfischen schmecken sie überhaupt nicht. Und dann gab es noch Schnecken, Schwämme, Seesterne und Seelilien. Die sehen aus wie Blumen, denn sie haben einen Stiel und einen schönen Kelch. Und was gab es wohl noch? Krebse, Korallen, Fische und natürlich auch Tintenfische und vieles mehr, was es heute jedoch nicht mehr gibt.

Da sich das ganze Leben im Wasser abspielte, hätte eine Dampfeisenbahn auch gar nicht funktioniert. Als Lok diente zu Theos Zeit deshalb ein gewaltiger Käfig auf Rädern, in den man einen großen Fisch gesperrt hatte. Dieser Fisch zog den Zug über den Meeresboden. Auf dem Käfig war noch ein Führerhaus angebracht und auch ein langes Rohr befestigt. Das benutzten die Fische als Schnorchel. Dies war unumgänglich, sobald der Zug auf schlammigem Boden fuhr. Dann wurde nämlich sehr viel Schlamm und Sand aufgewirbelt, weil es auch noch keine Schienen gab.

Das war aber auch ganz gut so. Man konnte so ja kreuz und quer auf dem Meeresboden herumfahren und gerade das machte allen den größten Spaß. Wie herrlich war es, in voller Geschwindigkeit einen Berg hinunter zu sausen! Ihr könnt euch das wie eine rasante Schlittenfahrt vorstellen. Vor allem Theo war davon begeistert. Deshalb wollte er auch Lokführer werden.

Zuvor musste Theo aber erst einmal erwachsen werden. In die Schule brauchte Theo aber nicht zu gehen, denn die gab es auch noch nicht. Nicht einmal einen Kindergarten hatten die jungen Tintenfische im großen Meer. Deshalb konnten sie den ganzen Tag miteinander spielen.

Aber Theo war meistens alleine. Weil er anders aussah als die anderen. Die hatten nämlich alle eine Schale, die Theo fehlte. Deshalb neckten sie ihn ständig oder bewarfen ihn mit Steinen, wenn sie ihn überhaupt beachteten. Manchmal versuchten sie auch Theo zu fangen, um ihn besser ärgern zu können. Aber zum Glück konnten sie wegen ihrer Schale alle nicht so schnell schwimmen wie Theo. Theo konnte außerdem auch sehr viel Tinte spucken, wenn es gefährlich wurde. Bevor die anderen Tintenfische dann hustend aus der Tintenwolke herausschwammen, war Theo schon längst verschwunden.

Eines Tages beschloss Theo auf Wanderschaft zu gehen. Er wollte sich die große Welt anschauen. Wie Ihr ja schon wisst, bedeutete das vor 400 Millionen Jahren das große, weite Meer. Auf dem Land war ja noch überhaupt nichts los.

Theos Vater Baktrito sagte ihm, er solle immer brav auf alle Möglichkeiten achten, sich verstecken zu können. Auch sollte er sich vor bösen Riesenkrebsen in Acht nehmen und auf große Fische aufpassen. Die fressen nämlich kleine Tintenfische.

Vor allem seine Mutter war sehr besorgt darüber, dass ihrem Theo etwas passieren könnte. So gab sie ihm noch viel mehr gute Ratschläge. Theo hingegen hörte natürlich nicht richtig hin. Er war viel zu beschäftigt, die vielen Arme zu schütteln, und davon haben Tintenfische – schaut einmal genau hin – immerhin acht Stück. Das Händeschütteln nimmt daher eine Menge Zeit in Anspruch, vor allem dann, wenn man es eilig hat – und kleine Tintenfische haben es immer eilig.

Als sich Theo endlich verabschiedet hatte, nahm er die Lampe mit Leuchtstaub, die sein Onkel ihm von einer ausgedienten Lok abgebaut hatte und schwamm seines Weges, geradezu auf das offene Meer zu. Um sich notfalls schnell verstecken zu können, schwamm er dicht über dem Boden.

Schnell wurde es dunkler und dunkler, so dass Theo die Lampe gut gebrauchen konnte. Was er sah, fand er furchtbar spannend. Zudem war er mächtig stolz auf sich, denn noch kein Tintenfisch, den er kannte, war so tief hinuntergeschwommen. Langsam veränderte sich alles, was er sah. Es gab keine grünen Pflanzen mehr und kaum noch Schnecken. Irgendwie schien hier keiner mehr wohnen zu wollen. Theo fühlte sich plötzlich ganz alleine. Zudem war Theo außer Atem, da er es nicht gewohnt war, eine solch große Strecke zu schwimmen. Deshalb beschloss er, sich erst einmal auszuruhen und legte sich hinter einen Stein, deckte die Lampe mit seiner Mütze zu und schlief sogleich ein.

Auf einmal war es ihm, als ob er gleichzeitig Karussell und Achterbahn fuhr und um ihn herum war ein schreckliches Tosen und Lärmen. Als Theo die Augen öffnete, gerieten sie voller Schlamm, so dass er erst einmal gar nichts mehr sehen konnte.

Was war bloß geschehen?

Theo war in eine Schlammlawine geraten, die mit ungeheurer Geschwindigkeit den Hang hinunter sauste. Die Lawine riss alles mit sich, was sich ihr in den Weg stellte: Seelilien, Muscheln, die Brachiopoden und alles andere nur erdenkliche Getier, das noch nicht einmal Theo kannte. Stellt euch einmal vor; sogar riesige Felsblöcke nahmen die Schlammmassen mit sich, als ob es Spielzeugbälle wären. Vor gar nichts machte die Lawine halt, nichts konnte ihr entkommen.

Und mitten in diesem Durcheinander von Schlamm, Steinen und Tieren war unser kleiner Theo. Er strampelte, wie er konnte, aber es half nichts, die Talfahrt war nicht aufzuhalten. Doch endlich wurde die Lawine langsamer und blieb schließlich stehen.

Theo war halb verschüttet und total erschöpft. Alles tat ihm weh und er konnte sich nur mühsam bewegen. Als er sich endlich befreit hatte, stellte er zu seiner Verwunderung fest, dass alles um ihn herum hell erleuchtet war. Wie das?

Seine Lampe war zerbrochen und der Leuchtstaub hatte sich ganz fein über den Schlamm verteilt. Aber um den kleinen Tintenfisch herum sah es wirklich schrecklich aus. Theo hatte es zwar noch nie gemocht, etwas aufzuräumen, aber dieses Durcheinander war selbst ihm zu viel. Zu Theos großer Freude konnte er seine Mütze wiederfinden, die auch noch heil geblieben war.

Hier wollte Theo keinen Moment länger bleiben, als unbedingt nötig war. Er wollte nur noch ins flache Wasser kommen. Ihn wunderte es nur, dass er trotz der Dunkelheit in der Tiefe etwas sehen konnte. Das kam daher, dass Theo etwas von dem Leuchtstaub aus der Lampe in die Augen bekommen hatte. Der Staub war so fein, dass er nicht mehr aus den Augen herausgewaschen wurde. So konnte Theo sein ganzes Leben lang viel besser bei Dunkelheit sehen als alle anderen Tintenfische.

Als Theo sich ausgeruht hatte, schwamm er – wieder guter Dinge – weiter und erreichte den Bereich einer Flussmündung. Da Tintenfische aber kein Süßwasser vertragen, wurde es Theo sehr, sehr übel und er spuckte eine riesige Tintenwolke, die größte, die er je ausgespuckt hatte. Das war sein Glück, denn von Theo unbemerkt kam ein großer, gefräßiger Fisch herangeschossen und wollte ihn verschlingen! Doch statt Theo verschluckte dieser nun die Tintenwolke. Da musste der Bösewicht ganz schrecklich husten. Er japste nach frischem Wasser. Der Fisch war aber Süßwasser gewohnt und das Wasser, das er jetzt schluckte, war viel zu salzig. Davon wurde nun dem Räuber richtig übel und er suchte total verwirrt und grün angelaufen das Weite.

Plötzlich jedoch schaute ein kleiner Fisch aus dem nahe gelegenen Algenwald heraus, wo er sich bisher versteckt hatte. Als Theo auch ihm gerade eine Tintenwolke ins Gesicht spritzen wollte, rief der Fisch: „Bitte tue mir nichts, ich will dir auch nichts tun! Ich bin Herni Agnata und du musst unbedingt mit mir kommen und mir erklären, wie das mit der Tinte funktioniert!" Da er vor Herni offensichtlich keine Angst haben musste, folgte Theo ihm.

Hernis Mutter Cyclaspia freute sich sehr über den kleinen Besucher. Theo musste beim Essen die Geschichte mit dem großen Fisch gleich ein paar Mal erzählen und jedes Mal eine große Tintenwolke spucken. Die Folge könnt Ihr Euch denken: Die ganze Höhle war jedes Mal für mindestens eine halbe Stunde in eine blaue Wolke gehüllt. Und alle mussten ganz schrecklich husten und niesen.

Bis zum Abend spielten Theo und Herni dann mit den Haustieren. Das waren Trilobiten und sie sahen, glaubt es nur, fast wie Kellerasseln aus. Man konnte mit diesen Trilos prima herumtollen, wie heute mit jungen Hunden und Bällen. Die Trilos kugelten sich ein, sodass man sie herumschubsen und herumwerfen konnte. Sobald ihnen aber eine Richtung nicht gefiel, entrollten sie sich und rannten, wohin sie wollten. Dann musste man sie wieder einfangen oder es zumindest versuchen. Die Trilos versteckten sich nämlich gerne und es war schwer, sie wiederzufinden.
Als es Abend wurde, legten sich die zwei neuen Freunde schlafen.

Am nächsten Tag brachen Theo und Herni früh auf, um die Gegend etwas zu erkunden und Verstecken zu spielen.

Als sich einmal Herni versteckt hatte und Theo ihn suchte, sprang plötzlich eine Horde großer Krebse hinter ein paar Steinen hervor. Bis Theo sich von dem Schrecken erholt hatte, war es zum Wegschwimmen auch schon zu spät. Der kleine Tintenfisch versuchte in seiner Verzweiflung noch Tinte zu spritzen. Doch es gelang ihm nicht, er hatte am Vortag schon so viel Tinte gespuckt, dass sein Tintenbeutel leer war.

Zudem hatte Theo, wie Ihr Euch vorstellen könnt, eine Riesenangst davor, dass die Krebse ihn zum Frühstück verspeisen wollten. Denn diese Krebse fraßen gewöhnlich alles, was sie fangen konnten und vor allem kleine Tintenfische! Theos Magen verkrampfte sich bei diesem Gedanken so sehr, dass er sich überhaupt nicht mehr bewegen konnte. An Tintespucken oder Wegschwimmen war nicht mehr zu denken. So war er seinen Gegnern hilflos ausgeliefert.

Doch offensichtlich wollten sie ihn gar nicht frühstücken! Theo wollte gerade aufatmen, als eine Riesenqualle herangeschwommen kam und ihn mit ihren Armen gefangennahm. Aus diesem Gefängnis gab es kein Entrinnen. Die fadenförmigen Arme der Qualle waren mit lauter kleinen Giftstacheln besetzt, sodass jede Berührung mit der Qualle wie Feuer brannte. Ihr müsst Euch das so ähnlich wie ein Geflecht aus Brennnesseln vorstellen, nur noch viel, viel schlimmer.

Theo folgte behutsam jeder Bewegung der Qualle, die ihrerseits genau das tat, was die Krebse wollten. Wenn sie einmal zu langsam oder gar in eine falsche Richtung schwamm, wurde sie nämlich von den Krebsen gekniffen. Die hatten einen ganz festen Panzer, durch den die kleinen Giftstachel der Qualle nicht stechen konnten.

Für den armen Theo blieb so nur der schwache Trost, dass die Qualle wenigstens ab und zu auch zu leiden hatte.

Den ganzen Vormittag musste Theo mit den Krebsen und der Qualle mitschwimmen. Er war von den Giftstacheln schon fürchterlich zerstochen, so dass er sich wegen der Schmerzen kaum noch bewegen konnte. Da sah er auf einem Hügel in der Ferne ein großes Ungetüm mit riesigem, aufgesperrtem Maul. Theo war sich jetzt sicher, dass seine letzte Stunde geschlagen hatte.

Doch als sie näher herankamen erkannte Theo, dass es gar kein Tier war. Es war eine Burg, die wie der Kopf eines riesigen Krebses aussah. An dieser Burg wurde noch gebaut. Theo sah, wie andere Tintenfische gezwungen wurden, beim Bau der Festung mitzuhelfen. Nun war ihm klar, warum die Krebse ihn nicht gleich gefressen hatten. Sie wollten ihn zwingen, ihnen beim Burgbau zu helfen. Nach der Fertigstellung könnten sie dann nicht einmal mehr von Haien angegriffen werden. Und damals gab es noch viel größere Haie, als wir sie heute kennen!

Die Krebse könnten sich bei Gefahr in der Festung verstecken und ungestraft ihren Raubzügen nachgehen. Tintenfische hätten dann überhaupt keine Möglichkeit mehr, sich zu wehren. Das wäre das Ende aller Tintenfische!

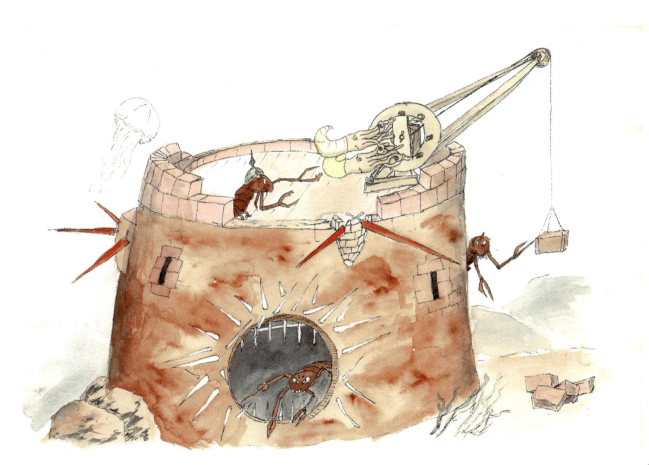

Als man Theo zum Tor gebracht hatte, schubste ihn die Qualle hinein. Sie war offensichtlich sehr verärgert darüber, dass sie den Tintenfisch nicht fressen durfte. Theo hingegen freute sich sehr darüber!

Drinnen war es so dunkel, dass selbst Theo kaum noch etwas sah. Seine Wächter schienen sich hier auch nur nach dem Geruch zurechtzufinden. Sie schnüffelten deshalb die ganze Zeit in alle Richtungen. Sich langsam vorwärts tastend führten sie Theo zu einem Verlies. Dort hielten sie auch ein Tintenfischmädchen gefangen. Dies, so sagten ihm die anderen Tintenfische später, sei Riona, die Prinzessin der Tintenfische. Der Krebskönig Eurypterix hatte sie gefangen genommen und würde sie töten, sobald auch nur ein Tintenfisch zu fliehen versuchte.

Dies machte Theo außerordentlich wütend und er wurde langsam schon blau, so viel Tinte produzierte er in seiner Wut. Doch es half nichts. Er musste beim Festungsbau mithelfen und sich gedulden, bis alle gleichzeitig ausbrechen konnten.

Doch schon am nächsten Morgen ergab sich eine Gelegenheit. Theo hatte während der Arbeit am Vortag und in der Nacht alle Leidensgenossen in sein Vorhaben einweihen können. Da er sich am besten in der Dunkelheit orientieren konnte, wollte er zur Wache der Prinzessin Riona schwimmen und sie mit Tinte außer Gefecht setzen. Die Gefängnistür war sowieso nur durch eine schräg gestellte Stütze verschlossen. Die Krebse nahmen wahrscheinlich an, dass das keiner sehen konnte. Zudem verließen sie sich noch auf ihre Wache.

Als es dämmerte, wurden die Tintenfische zur Arbeit abgeholt. Sobald Theo aber an der Zelle der Prinzessin vorbeikam, spuckte er dem Wächter alle Tinte ins Gesicht, die sich in ihm aufgestaut hatte. Zur gleichen Zeit öffnete er die Tür und Riona schwamm schnell heraus. Gerade noch rechtzeitig, bevor sie wegen der Tinte nichts mehr sehen konnte!

Alle anderen Tintenfische spiehen in diesem Moment all ihre Tinte aus, die sich während der Gefangenschaft angesammelt hatte. Ihr könnt euch die Tintenwolke kaum vorstellen, die die Festung erfüllte, als alle Tintenfische sich gegenseitig festhaltend zum Ausgang schwammen. Die Krebse hatten überhaupt keine Zeit, sich von ihrem Schreck zu erholen. Als Theo und Riona aus dem Tor kamen, bliesen die anderen Tintenfische noch einmal aus Leibeskräften Tinte in die Festung, so dass sie vor Tinte überlief.

Von drinnen hörte man das Poltern der Wachen, wenn diese aneinander oder gegen Mauern stießen. Gelegentlich hörte man Schreie und Beschimpfungen, wenn sie sich gegenseitig mit ihren Waffen und Scheren verletzten. Zudem mussten sie ständig husten und japsten nach klarem, nicht tintehaltigem Wasser.

Die Tintenfische konnten jetzt sicher nach Hause schwimmen, denn es dauerte Stunden, bis die Tinte aus der Festung hinausgeschwemmt war und die Krebse die Verfolgung aufnehmen konnten.

Ihr großer Vorsprung half ihnen und so kehrten alle gut zurück. Prinzessin Riona wollte Theo unbedingt ihrem Vater, dem König, vorstellen. Obwohl Theo schüchtern war und Angst vor dem König hatte, willigte er schließlich ein. Nicht zuletzt deswegen, weil die Prinzessin wie er keine Schale hatte und beide sich deswegen nicht mehr schämen mussten. Auch würde sich jetzt niemand mehr trauen, Theo deswegen zu ärgern.

Als die beiden zum Felsenschloss des Königs kamen, wollte dieser gerade mit allen übrigen Tintenfischen losziehen, um die Prinzessin zu befreien. Sie wurde nämlich schon seit zwei Wochen vermisst. Von Herni, Theos kleinem Freund, hatte der König erfahren, wohin die Tintenfische verschleppt worden waren. Herni konnte nämlich von seinem Versteck aus Theos Gefangennahme sehen und war den Krebsen heimlich nachgeschwommen.

Dank Theo war die Befreiung nun nicht mehr nötig und es wurde ein großes Freudenfest gefeiert. Theo hatte nun endlich Freunde gefunden und auch sein Traum, eine Lok zu steuern, erfüllte sich. Er fuhr nun so oft mit der Bahn, wie er wollte. Auch dann noch, als er und Riona schon längst verheiratet waren und er selbst König war.
Die Krebse hingegen waren seither verschwunden und ihre nie fertiggestellte Burg fiel bei einem Erdbeben in sich zusammen.

Stefan Weigand

Geboren 1966 verbrachte ich im schönen Taubertal eine glückliche Kindheit mit Mama, Papa und 4 Geschwistern, mit 3 Pferden, einigen Hühnern, vielen Vögeln in den Birnenbäumen im Hof und den Mäuschen und kleinen Spinnen in der Scheune.
Der Alltag war geprägt von „wie mache ich mir mein Kinderleben schön". Mama hat immer lecker gekocht und gebacken (war aber auch streng mit den Regeln), Papa hat als Sattler und Raum-ausstatter in seiner Werkstatt hübsche Gegenstände hergestellt. Wir hatten sozusagen ein Museum zuhause.
Nach der Schule „durften" wir uns immer um unsere „kleinen großen

Haustiere" kümmern und abends das Bücherregal von Papa „leer"-lesen. Wir hatten alles, Brot vom Bäcker gegenüber, Wurst vom Metzger um die Ecke, Erdbeeren, Kirschen, Äpfel, Pflaumen, Birnen und Nüsse uvm. im eigenen Garten. Und jedes Jahr konnten wir beim Traubenlesen im Weinberg meiner Eltern helfen.

Uns wurde nie langweilig, und wir durften in unsere Phantasie leben: durch Wald und Wiesen streifen, Bilder malen, Holzschiffe, Marionetten und vieles mehr bauen.

Bereits früh im Studium der Geologie und Paläontologie kam mir der Gedanke, dass sich die Umbrüche in der Erdgeschichte hervorragend dazu eignen, ein Kinderbuch zu schreiben. All die seltsamen Tiere der Erdvergangenheit verlangten förmlich danach, mit Leben erfüllt zu werden. So entstand bereits während der Vorbereitungen zum Diplom ein Grundgerüst zur Geschichte von Theo Tintenfisch. Bis die Geschichte jedoch fertig erzählt war, vergingen Jahre, in denen ich promovierte und mich, nach jahrelanger Anstellung, als Geologe selbstständig machte.

Es war eine wunderschöne Entspannung, dieses Buch zu schreiben!

Dr. Stefan Weigand

Aus dem Verlagsprogramm:

Stefan Weigand: Opa Quihtkhal's zauberhafte Geschichten von Elfen und Kobolden für Klein und Groß

Würzburg 2022
ISBN 978-3-9823854-6-4
Preis 24,90 €

Ein ganz bestimmt wahres Märchen aus der Jugendzeit der wohl berühmtesten Elfen und Kobolde der nördlichen Highlands, das irrtümlicherweise (noch) nicht den Weg in die Kinos fand!

„… der gälische Originaltext, den mir ein Kobold freundlicherweise aufgeschrieben hatte, ging leider verloren und so sah ich mich gezwungen, die Geschichte aus meiner Erinnerung zu verfassen.
Hierdurch konnten die sagenhaften, seitenweisen Landschaftsbeschreibungen leider nicht mehr wiedergegeben werden.
Auch ein kurzes Wort zur Bebilderung: Kobolde und Elfen haben eine so bildlich-blumenreiche Sprache, dass es unmöglich ist, dies in unsere Sprache zu übersetzen. Es bleibt nur der Versuch, dem nahezukommen.
Bei Personenbeschreibungen ist dies besonders schwierig, da diese je nach Erzähler doch stark voneinander abweichen. Ich bitte daher alle Elfen und Kobolde, meine Unzulänglichkeiten zu entschuldigen …"

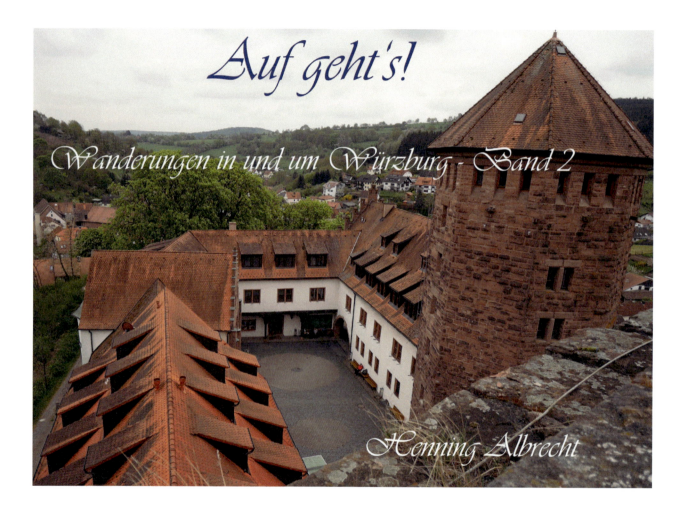

Henning Albrecht: Auf geht's!
Wanderungen in und um Würzburg Bd. 2

Würzburg 2021
ISBN 978-3-9823854-1-9
Preis 11,80 €

18 Rund- und Streckenwanderungen führen in die Rhön, den Spessart, Steigerwald und das Würzburger Umland.
Mit zahlreichen Fotos, Kartenmaterial und Tipps für weitere Aktivitäten im Gebiet. Auch lokale Rezepte sind wieder enthalten.

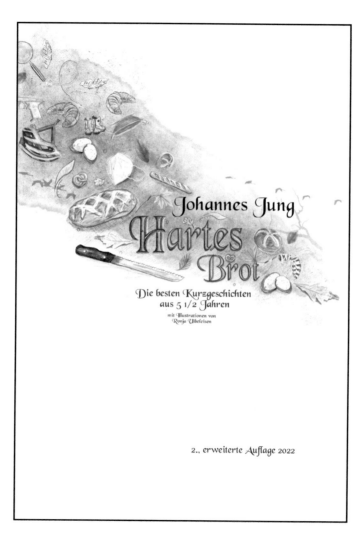

Johannes Jung

Hartes Brot

Die besten Kurzgeschichten
aus 5 1/2 Jahren

mit Illustrationen von
Ronja Übeleisen

2., erweiterte Auflage 2022

Johannes Jung: Hartes Brot.
Die besten Kurzgeschichten aus 5 $^1/_2$ Jahren.
Mit Illustrationen von Ronja Uibeleisen

2. erweiterte Auflage 2022
ISBN 978-3-9823854-7-1
Preis: 17,80 €

25 Kurzgeschichten, witzig, spannend, nachdenklich, lustig, skurill oder kriminell - das Leben schreibt eben die besten Geschichten!

Der bereits mehrfach ausgezeichnete Autor schreibt seit Jahren Romane und Kurzgeschichten.. Diese Zusammenstellung teils biografisch angehauchter Kurzgeschichten zeigt einen Einblick in das literarische Werk des Autors aus den letzten Jahren.

Ekkehard Ihle

Ein Pilgerweg in die Stille

Erlebnisse und Reflexionen auf der Via Francigena

Ekkehard Ihle: Ein Pilgerweg in die Stille.
Erlebnisse und Reflexionen auf der Via Francigena

2. Auflage Würzburg 2022
ISBN 978-3-9823854-8-8
Preis 16,80 € (D), 17,30 (A), 19,80 CHF (CH)

Im ersten Corona-Jahr pilgerte der Autor auf dem norditalienischen Teil der Via Francigena, des Frankenweges zwischen Canterbury und Rom. Er traf kaum auf andere Pilger und fand geschlossene Herbergen ebenso vor wie versteckte Übernachtungsmöglichkeiten im Freien.
So kommt er in eine innere Stille, die ein tiefes Nachdenken in ihm auslöste. Mit Humor, Esprit und Tiefgang hält er seine Erlebnisse an Orten, mit Menschen und der einsamen Natur fest.
Der Autor ist Diplom-Physiker und promovierter Mathematiker. Er ist sein Leben lang auf äußerer und innerer Wanderschaft, entdeckte das eigentliche Pilgern jedoch erst mit über 70 Jahren für sich.
Nach Abschnitten des durch Assisi führenden Franziskusweges und des Jakobsweges hat er 2017 begonnen, für jeweils 10 bis 14 Tage den italienischen Teil der Via Francigena unter die Füße zu nehmen. So kommt er im September 2020 bis in die Mitte der Toscana.

Der Verlag spendet einen Teil des Erlöses aus dem Verkauf dieses Buches für die Arbeit mit geflüchteten Kindern und Jugendlichen aus der Ukraine. Dafür ein herzliches Danke!

Falls Sie darüber hinaus etwas geben wollen, freut sich der Verein Mrija e.V. darüber:
IBAN DE59 7905 0000 0049 3327 94
BIC BYLADEM1SWU
Verwendungszweck Ukraine-Hilfe in Deutschland - Kinder und Jugendliche

Видавництво жертвує частину виручених коштів з продажу цієї книги на роботу з юними біженцями з України. Щиро дякуємо за це!
Якщо Ви хочете пожертвувати щось ще окрім цього, асоціація „Мрія" буде цьому дуже рада:
IBAN DE59 7905 0000 0049 3327 94
BIC BYLADEM1SWU
Ціль переказу вказати: Ukraine - Hilfe in Deutschland - Kinder und Jugendliche
Із вдячністю